AF257422

EXPOSÉ

DE LA SITUATION

ACTUELLE

DES COLONIES

FRANÇAISES

AUX INDES OCCIDENTALES.

A BORDEAUX,

DE L'IMPRIMERIE DE MOREAU,

RUE NEUVE DU TEMPLE, N°. 20.

M. DCCC. XXII.

EXPOSÉ

DE LA

SITUATION ACTUELLE

DES

COLONIES FRANÇAISES

AUX INDES OCCIDENTALES.

A la séance du 2 juin dernier, un ministre d'Etat a dit que la situation des Colonies ne permettait pas qu'on proposât à la Chambre une réorganisation totale ; que les Colonies sont régies par les lois anciennes et par des réglemens, etc. , etc. , etc.

Pour juger de l'utilité d'une réorganisation et de la justesse de l'assertion, un historique très-succinct des événemens des trente années de la révolution à la Martinique, aidera à reconnaître ce qu'il importe de savoir touchant la véritable situation de ces Colonies.

Les Colonies françaises étaient autrefois une source de richesses pour leur Métropole. La révolution a détruit un commerce qui procurait chaque année à la France une balance favorable de 55 millions dans ses relations avec l'étranger. Le retour des princes légitimes lui a valu la restitution des deux seules Colonies que la puissance anglaise avait pu arracher aux dévastations révolutionnaires. La Martinique et la Guadeloupe, voilà le reste de tant de belles possessions ! Devenues aujourd'hui l'objet principal des spéculations du commerce français, autant que de ses besoins, sans doute que ces deux Colonies comptent maintenant les années par autant de prospérités. Erreur et déception : ces deux Colonies sont tombées dans un état misérable, et misérable à tel point, que si cet état se prolonge, il serait absurde de leur supposer une longue existence.

Un état de choses aussi inattendu s'explique par les faits. Parmi ces faits, les uns regardent l'administration civile, les autres le commerce.

ADMINISTRATION CIVILE

DES COLONIES.

La Martinique et la Guadeloupe jouissaient, avant la révolution, du gouvernement le mieux approprié à leur situation. La sagesse de Louis XVI avait perfectionné les institutions coloniales de Louis XIV, et ces institutions portaient l'empreinte des grandes idées

(5)

du législateur , comme de sa prévoyance contre le despotisme , où devait naturellement tendre un gouvernement placé à une grande distance du trône. Il faut lire à ce sujet sa lettre du 11 juin 1680, au comte de Blenac, gouverneur de la Martinique. Après y avoir exhorté son représentant à faire aimer son gouvernement et au maintien sévère des lois , le prince disserte sur ces établissemens nouveaux ; et c'est une prescience complète de leur importance future. Son successeur, pénétré du même esprit , maintint le même gouvernement ; un gouverneur et un intendant partageaient les pouvoirs. Il leur fut défendu de faire des acquisitions et de contracter des mariages aux îles ; et par le fait seul du mariage ou de l'acquisition , ils étaient révoqués *ad nutum.* Louis XV leur donna encore un censeur et un surveillant : ce fut une chambre d'agriculture composée d'un certain nombre de principaux Colons , qui entretenait correspondance avec le ministre, et un agent dans la Métropole, et qui était spécialement chargée de faire passer à S. M. , à chaque mutation d'administrateur, un compte exact et fidèle de son administration, avec ses avis. Ce frein, imposé aux écarts de l'autorité, ne parut pas encore suffisant à l'inquiète sollicitude de Louis XVI : il saisit et consomma toute la pensée du grand Roi; et quoiqu'à la vérité la Martinique ni la Guadeloupe n'eurent, sous le règne de ce prince, aucun reproche fondé à adresser aux chefs de son choix, cependant il voulut élever de ses mains une barrière encore plus insurmontable contre le pouvoir arbitraire. L'ordonnance de 1787 devint la charte constitutionnelle des Colonies.

Par cette ordonnance, le commandement des armes restait confié au gouverneur représentant la personne du Roi; l'administration civile fut le partage d'un intendant, et une assemblée coloniale, composée des élus des paroisses, fut autorisée à connaître de la recette et de la dépense, à régler la répartition de l'impôt, et son concours déclaré indispensable à son établissement. Cette charte fut accueillie avec reconnaissance par les Colons : elle déplut, à la vérité, à quelqu'autorité dont elle blessait les prétentions, mais personne ne se plaignit, et le prince eut la satisfaction d'entendre tous ses sujets applaudir à son ouvrage.

L'impôt ainsi réglé et arrêté, ne pouvait ensuite être levé que par le consentement et l'autorité du Roi, consignés dans une déclaration formelle ; et alors l'impôt colonial n'excédait pas un million, argent des îles.

Tel était l'état de ces deux Colonies, au moment de la révolution. L'objet de ce mémoire n'étant pas d'écrire l'histoire des événemens révolutionnaires qui y eurent lieu, il suffit de dire que les Colons de la Martinique, repoussant la République, arborèrent le drapeau blanc à la fin de septembre 1792; que les manœuvres des factieux concertées à Paris pour porter les Esclaves à la révolte et à l'assassinat des Blancs, ainsi qu'ils l'avaient exécuté à Saint-Domingue, échouèrent principalement à la Martinique. Attachés à leurs maîtres (véritables pères pour la plupart plutôt que maîtres) par une affection renforcée de sentimens religieux, et se considérant eux-mêmes comme membres de la famille, les Esclaves repoussèrent toutes les tentatives essayées pour les écarter de leur devoir.

La Martinique et la Guadeloupe passèrent sous le joug de la République au commencement de 1793. Les Royalistes avaient émigré; mais le gouvernement se trouvant encore nominalement dans les mains des derniers envoyés du Roi, et les Anglais menaçant ces possessions, ce double motif contint les Républicains.

En 1794 ces deux Colonies furent conquises par l'Angleterre. La République y avait fait éclore l'anarchie. Il n'y eut ni ne pouvait y avoir de capitulation pour les Colons presque tous émigrés aux colonies anglaises; il y en eut une pour fixer le sort des gens de guerre qui avaient combattu pour la République.

. Le gouvernement du conquérant ne se mêla point de l'administration civile. Il rétablit les tribunaux et les lois de 1789. Il institua et donna au gouverneur de la Martinique un conseil privé composé d'un certain nombre de principaux Colons; et ce conseil, véritable et principale autorité coloniale, devint le centre des affaires.

Sous ce régime, l'imposition resta la même qu'en

1789, c'est-à-dire, qu'elle n'excéda pas un million des îles.

La paix d'Amiens changea la situation de cette Colonie; elle fut remise à la France par suite de ce traité, et Buonaparte déclara, par une proclamation formelle, que les Colonies seraient remises sous le régime de 1789.

Il n'en fut rien. Il envoya à la Martinique un capitaine-général, un préfet et un grand-juge, entre lesquels il subdivisa l'autorité. Les Colons furent nuls dans ce partage.

Le premier acte de ce gouvernement, fut de s'emparer des biens du clergé. Ils étaient considérables. On les vendit : ils furent la proie de ce gouvernement déprédateur. Toutefois, les deux belles habitations de Saint-Jacques et de l'hôpital furent exceptées, parce que personne n'osa en faire l'acquisition. On les afferma.

Les impositions devinrent encore une mine plus féconde. L'autorité ne trouvant aucun frein, ne mit aux vexations aucune borne. Il était dû à l'administration anglaise plusieurs arriérés qu'elle avait abandonnés aux contribuables; le gouvernement de Buonaparte se les appropria, et les fit rigoureusement acquitter. Une infinité d'impôts inconnus au pays furent établis, et la perception s'en fit avec des rigueurs outrées, dans un pays où les formes de perception étaient les plus douces. Enfin, les extorsions de tout genre furent si multipliées, que la masse générale des contributions s'éleva en 1808 à plus de treize millions des îles, et cette année le revenu colonial se trouva nul. Ce brigandage, à la vérité, scandalisa Buonaparte lui-même, et provoqua des réprimandes très-vives aux administrateurs, de la part de son ministre *Decrés*.

A cette époque de 1808, les Anglais posèrent le blocus devant la Colonie; ce blocus la mit aux abois.

En 1809 ils soumirent de nouveau la Colonie. L'abondance reparut avec les Anglais; les affaires reprirent et les denrées se vendirent. Le conquérant fit remise aux Colons de l'imposition de cette année et de tous les arriérés qui pouvaient être dus au gouvernement français. Une capitulation avait eu lieu. Les tribunaux étaient conservés; mais un des articles laissait le sort des lois coloniales à la discrétion du conquérant. Il n'a point fait usage de ce pouvoir. Il remit, comme la première fois, les affaires entre les mains d'un conseil privé composé d'un certain nombre de principaux Colons, et ne se mêla, qu'avec son assistance, de l'administration civile.

En 1811, des émissaires de Saint-Domingue s'introduisirent à la Martinique, et tentèrent un soulèvement; ils furent découverts par des chefs d'ateliers qu'ils essayèrent de suborner; et, grâces aux soins du gouvernement, justice en fut promptement faite.

La nouvelle du rétablissement des Bourbons parvint dans la Colonie. La garnison anglaise prit part à la joie publique; le corps des officiers joignit à la cocarde noire la cocarde blanche et les Colons imi-tèrent cet exemple.

A la fin de 1814, la Martinique fut restituée à la France. Les plus grands honneurs furent rendus par la garnison au pavillon français; et le général *Leith*, qui voulut faire personnellement cette remise, s'en acquitta honorablement.

Un gouverneur et un intendant vinrent en prendre possession au nom du Roi. On s'attendait au rétablis-sement du régime de 1789 : on fut trompé. Les deux chefs firent reconnaître leurs pouvoirs au conseil supérieur, et annoncèrent qu'ils apportaient avec eux des pouvoirs illimités.

Des pouvoirs illimités sur les Colons de la Marti-nique! sur des Colons qui avaient scellé de leur sang leur attachement à la cause royale, et qui tous avaient souffert pour elle! L'étonnement fut au comble.

Et la charte constitutionnelle de Louis XVI, mé-connue ou dédaignée! Devait-on s'y attendre?

Cependant le nouveau gouvernement agit suivant ce principe. Il fit et défit un système d'administra-tion; il régla les finances à son gré. Les Colons y restèrent étrangers, et leur vœu ne fut pas même interrogé.

L'invasion de Buonaparte survint. Le gouverneur prit en grande défiance, et sans doute pour de justes motifs, la plus grande partie de la garnison. Il solli-cita le secours des Anglais : les forts de la ville capitale furent remis à leur garde ; et la mince partie de la garnison française que le gouverneur n'avait pas jugée suspecte, fut envoyée à Saint-Pierre.

Le drapeau français resta flottant sur les forts. Le général *Leith* agit plus noblement encore. Il déclara que la garnison anglaise ne serait nullement à la charge du Roi ni des Colons, et qu'elle continuerait d'être à la solde de la Grande-Bretagne.

Au bout de dix-huit mois la garnison anglaise évacua une seconde fois la Colonie, et y laissa un souvenir honorable de loyauté.

Le retour du Roi dans ses Etats ne changea rien à la situation de la Colonie. L'administration se maintint sur un pied arbitraire. Seule elle détermina et régla l'impôt. L'usage inviolablement pratiqué depuis la naissance des Colonies, de régler l'impôt chaque année par une ordonnance formelle du Roi, fut absolument abandonné. L'administration cumula tellement en elle-même l'ensemble de tous les pouvoirs, que le nom du Souverain devint comme étranger à la Colonie, et il l'est encore.

Un ordre formel et souverainement impératif du Roi, daté de 1776, adressé aux administrateurs et enregistré au conseil supérieur, leur interdit cependant expressément d'établir ni de prélever, de leur autorité privée, aucune sorte d'impôt, « droit, dit » ce même ordre, réservé au Roi seul, et incom- » municable par sa nature et son importance. »

Un pareil état de choses eut les suites qu'il devait avoir. La somme totale de l'imposition annuelle de la Colonie fut portée à la somme effrayante de neuf millions de livres des îles (1).

Un surcroît de dépenses a eu à la vérité lieu. On a mis à la charge de la Colonie, mais sans qu'on ait même à cet égard représenté un ordre du Roi, toutes les dépenses jusques-là étrangères à l'administration coloniale. Le gouvernement de Louis XVI était loin d'imaginer rien de semblable !

Aucun compte ne fut rendu. Cependant les anciens intendans rendaient leurs comptes, même avant l'ordonnance de 1787 : et alors c'était au conseil supérieur.

L'administration essaya néanmoins d'en faire un en 1816; mais elle fut obligée de le retirer pour l'éclaircir, dit-on, par un nouveau compte, et ce nouveau compte ne fut pas rendu.

Des débats survinrent entre les administrateurs. Ces débats étaient d'une nature assez grave; ils roulaient principalement sur les finances. Il paraissait indispensable d'écouter au moins les Colons sur ces débats. On aima mieux laisser la querelle indécise; le ministère rappela les deux administrateurs en 1818.

Cette décision fut suivie d'une autre non moins étrange. La charte constitutionnelle de Louis XVI fut considérée comme n'existant pas : on en induit

---

(1) Procès-verbal d'une commission d'enquête, instituée en 1816 par M. le comte de Vaugiraud, gouverneur.

que les Colonies sont sans lois et sans gouvernement;
on leur suppose le besoin d'une organisation. Cette
pensée admise, elle fait la règle des bureaux; le vœu
et les opinions des Colons sont inutiles à consulter.
En conséquence, on envoie à la Martinique un chef
armé de tous les pouvoirs civils et militaires, combi-
naison de gouvernement qui facilite au moins le
travail des bureaux.

Ainsi la Martinique se trouve privée, sans même
qu'on ait daigné lui en dire les motifs, non-seulement
de la charte de Louis XVI, non-seulement du gouvernement dont elle jouit sous le règne de Louis XV,
mais encore de celui qui lui fut donné par Louis XIV,
d'où le ministère conclut avec raison que la Colonie
est sans organisation.

De-là des envois de commissaires pour connaître
les lieux et faire leur rapport. Six mois de voyage et
de séjour ont dû suffire pour acquérir les connaissances nécessaires. Les commissaires reviennent; le
ministère est maintenant instruit : cependant il dé-
clare que la situation des Colonies ne permet pas
d'en proposer la réorganisation totale.

Quelle est donc cette situation qui empêche de
s'en occuper? Quels sont les motifs qui exigent leur
réorganisation? c'est sur quoi l'on se tait.

De tout cela, il faut conclure que les Colonies
sont encore fort éloignées de jouir de la réorganisation qu'on leur prépare. En attendant, que devien-
dront-elles? Disons mieux : pourquoi une réorganisation? Pourquoi réorganiser ce qui est organisé, et

ce qu'aucune conception nouvelle, quelqu'habile qu'elle fût, n'organiserait pas mieux? N'a-t-on pas tout désorganisé, au contraire, par l'oubli ou le dédain de l'ordonnance de Louis XVI? Et n'est-ce pas une vraie tourmente révolutionnaire, que ce piteux état dans lequel on tient depuis six ans ces malheureuses Colonies, état qui les désole et les désespère?

Si de ce chaos, les Colons jettent leurs regards dans l'avenir, que d'alarmes, que de tristes pressentimens? L'énormité de l'impôt pèse sur leur pensée; il rappelle péniblement à la mémoire celui perçu sous Louis XVI et maintenu par les Anglais pendant leur domination. Un million d'un côté, neuf millions de l'autre, c'est-à-dire, la plus belle partie du revenu de la Colonie. Ce rapprochement effraie.

L'impôt, quel qu'il soit, est destructif des Colonies. Ce principe était celui du cabinet de Louis XV et de Louis XVI; et ce cabinet a raisonné profondément sur les vrais rapports des Colonies avec leur Métropole. Il faut lire, à ce sujet, ses notes, ses lettres, ses instructions aux gouverneurs et intendans des Colonies, ainsi que ses diverses ordonnances. S. M. y reconnaît que l'obligation des Colonies, de ne commercer qu'avec la Métropole, doit y tenir lieu d'impôt. En effet, on ne saurait en imaginer de plus onéreux; et, si ce n'était un affranchissement absolu d'impôt, à quel titre la Métropole peut-elle réclamer la faveur exclusive du commerce? Les Colons ne sont-ils pas les sujets du Roi? Tout cela était incontestable aux yeux des ministres de Louis XVI;

aussi promit-on d'abolir tout impôt, dès que l'état des finances le permettrait.

N'était-ce donc pas assez de l'oubli de tous les principes? fallait-il encore transporter aux Colonies le régime des douanes, celui qui, de tous les régimes, doit y éprouver le plus de défaveur? Le gouvernement de Louis XVI le proscrivait d'avance, lorsque, dans ses instructions à ses gouverneurs, il disait qu'il était indispensable qu'on jouît aux Colonies de la plus grande liberté possible, vu que des hommes qui s'expatriaient à deux mille lieues de leurs foyers, avaient indubitablement à cœur, avec le désir de travailler pour acquérir de l'aisance, celui de jouir d'une plus grande somme de liberté. Or, sous le règne de ce bon prince, les fonctions des préposés du domaine consistaient à prévenir les écoulemens en fraude des denrées coloniales; et à peine les yeux apercevaient-ils trois ou quatre préposés chargés de cette fonction. Aujourd'hui, par le régime des douanes, ces préposés sont considérablement augmentés, exercent des visites domiciliaires et vexent les particuliers. Que gagne le commerce métropolitain à cette inquisition? Rien, sinon de disposer le négociant même honnête à la contrebande. Aussi se fait-elle ouvertement; et il faut le dire, quelles mesures que l'on prenne, la contrebande se fera toujours : la nature des lieux et la force des choses le veulent ainsi. Reste-t-il alors d'autre parti que celui de revenir sur ses pas, ne fût-ce que pour éviter d'être en butte à des ressentimens injustes?

Mais sur quels objets s'exerce cette contrebande? sur des objets de mince valeur; car la France, plus qu'aucune autre Puissance européenne, a un fonds de commerce substantiellement nécessaire aux besoins des Colonies, et dont la privation, quand elle a eu lieu, a été fortement sensible, et toujours insupportable.

On dirait encore bien des choses sur cette matière. En voilà assez pour mettre à découvert ce grand nombre de torts et d'erreurs dont les conséquences sont si fatales. Passons à l'état du commerce; considérons celui d'importation.

COMMERCE DES COLONIES.

Le gouvernement de Louis XVI s'était bien convaincu par des épreuves plusieurs fois réitérées, qu'il était impossible à la France de fournir aux Colonies leurs principaux comestibles. En conséquence intervint le fameux arrêt du conseil d'Etat du 30 août 1784. Par cet arrêt, les comestibles d'un sol étranger furent admis à la consommation : on en excepta les farines; mais lorsque les retards d'approvisionnement de la Métropole, ou d'autres circonstances urgentes avaient lieu, la prohibition cessait, et les administrateurs avaient tous pouvoirs.

Aujourd'hui, la prohibition des farines étrangères est absolue, même lorsque la Métropole est obligée de recourir elle-même à l'étranger pour sa subsistance, et de payer une prime pour l'introduction des grains; c'est-à-dire, qu'en résultat, celle des Colons est toujours compromise, et qu'ils sont forcés de payer 5o francs le baril de farine que les Américains leur donnent à 25.

Jamais ministère ne s'occupa avec autant de soin et de succès du sort des Colonies françaises que celui de Louis XVI; aussi ce fut l'époque de leur plus grande prospérité; ce fut aussi celle du commerce français. Une prime de gratification fut allouée par quintal de morue de pêche française introduite aux Colonies : c'était à la fois servir les Colonies et la navigation.

Sous le même règne et sous le précédent, les Colonies étrangères avaient accoutumé de se pourvoir à la Martinique des vins de France et autres objets de son produit et de son industrie. Ce commerce, grandement avantageux, n'est plus; et c'est l'effet du nouveau régime des douanes, si inconvenant au commerce des Colonies et à l'état habituel des lieux.

Maintenant le commerce d'importation est soumis à un droit d'entrée de deux et demi pour cent; ajoutez-y un droit de sortie perçu dans les ports de France, et décidez si le Colon qui supporte tant de charges, peut y suffire. Un système différent protège le commerce en Angleterre. Tout ce qui s'exporte de productions ou d'objets d'industrie nationale, reçoit une gratification. Ici la sagesse raisonne et prend conseil de l'expérience.

Le commerce d'exportation des Colonies se réduit

à des élémens encore plus simples : favoriser la pro-
duction, en faciliter le débit, tout se rattache à ce
principe.

Autrefois cela était ainsi, aujourd'hui c'est le contraire. D'abord la charge de toutes leurs dépenses,
imposée aux Colonies contre toute raison plausible,
a commandé la perception d'un droit de sortie sur les
denrées coloniales. Augmentées de cette valeur, elles
se présentent dans les marchés de France avec désa-
vantage. Surchargées ensuite du poids énorme du droit
de consommation, le net produit revenant au planteur
se réduit à rien. On l'a irréplicablement démontré dans
des calculs consignés dans un grand nombre de mé-
moires présentés au Gouvernement au nom des Colons de la Martinique, et qu'on n'a pas contestés.

Autrefois le Gouvernement avait posé en principe,
qu'il fallait encourager la culture des Colonies pour
l'utilité de la Métropole. En conséquence leurs produits, francs de droits, acquittaient seulement en
France le droit du domaine d'occident d'un pour cent:
un léger droit de consommation atteignait encore ceux
qui devaient être consommés dans le royaume. Aujourd'hui l'ancienne législation des douanes a été rem-
placée par un tarif dont le maintien prolongé anéanti-
rait seul en peu de temps les Colonies ; mais d'autres
causes précipitent leur perte.

La plus hâtive est cette funeste concurrence contre
laquelle les denrées coloniales sont forcées de lutter
dans les marchés de la Métropole. Celles qui se présentent en première ligne, celles de Saint-Domingue,

y sont assimilées aux véritables denrées coloniales, et ne payent que les mêmes droits. O douleur (1)! ô de toutes les douleurs la plus amère pour des cœurs droits et sensibles! Nous les voyons encore couler les larmes de ces infortunés Colons, larmes de sang pour nous d'un si effrayant augure, larmes éternelles, et aux-quelles nous ne pouvons répondre nous-mêmes que par des larmes!.... ....
....

Mais il ne suffisait pas à la détresse des Colons de trouver dans l'étalage de ce commerce le redouble-ment de leurs angoisses, on appelle encore dans les marchés de France les mêmes denrées du fond des contrées les plus lointaines. Ministres de Louis XVI, que diriez-vous, vous sans cesse occupés de vos Co-lonies chéries, que diriez-vous en apprenant que les marchés de France surabondent de produits étrangers, et que ceux de vos établissemens tombent de plus en plus dans l'avilissement? Fût-il jamais entré dans votre pensée, même dans le cas de diminution de produc-tions par l'effet d'une diminution d'établissemens, d'admettre à la concurrence des denrées étrangères? Vous les eussiez réservées pour la réexportation; tout

____

(1) Cet ouvrage était sous presse lorsque l'écrit intitulé *Quelques con-sidérations générales sur les Colonies* est parvenu à la connaissance de l'auteur. En se félicitant de s'être rencontré avec un écrivain aussi ins-truit sur tous les points importans et principaux , et en rendant hommage à ses connaissances, l'auteur ne peut que concevoir de meilleures espé-rances de succès dans la défense d'une cause aussi juste qu'intéressante.

au plus en eussiez-vous admis, au cas d'insuffisance des produits coloniaux, une certaine quantité à la consommation, lorsque la disette eût été constatée. Tout autre moyen vous eût paru une atteinte au pacte fondamental qui lie les Colonies à leur Métropole, car le pacte lie également toutes les parties. Si les Colonies ne doivent commercer qu'avec la Métropole, et consommer de préférence ses produits, à son tour la Métropole s'impose l'obligation de ne consommer d'autres denrées que celles de ses Colonies, et tel est en effet le véritable lien de dépendance des Colonies modernes. L'ancien Gouvernement a proclamé de tous les temps cette vérité : *Les Colonies sont des établissemens de commerce.* Or, c'est sur cette réciprocité de besoins et d'échanges que l'union s'est formée: Il ne dépend d'aucune des parties de se soustraire à ses engagemens et d'en exiger en même temps le maintien de la part de l'autre.

Ce principe est sacré en Angleterre. La Martinique et la Guadeloupe ont été sous sa puissance, et malgré le grand désir du Gouvernement britannique d'en favoriser les Colons, jamais les denrées des îles conquises n'ont été admises à la consommation nationale: quoique conquises, elles ont, à cet égard, été considérées comme étrangères (1).

Ce principe est totalement méconnu en France.

---

(1) L'île de Sainte-Lucie, cédée à l'Angleterre par le traité de 1814, voit elle-même ses denrées encore exclues de la consommation nationale.

Autant de mesures, autant de faux calculs. Une défaveur complète poursuit la denrée du Colon, et la concurrence n'est encore ici pour lui que la moitié du mal; la confection du tarif y ajoute encore, surtout par rapport aux sucres de l'Inde, de la Cochinchine et de Manille. Des écrits nombreux ont démontré au grand jour une monstruosité. Chaque article du tarif a été signalé comme sacrifiant Colons et Colonies françaises à quelques navigateurs. Le fonds substantiel de ce tarif, seul le constitue en état de guerre avec le Colon. La navigation de l'Inde étant son principal et unique objet, ses dispositions froissent violemment l'intérêt des Colonies. Lisez la note consignée au bas de ce tarif : « Le but de la loi, y est-il dit, n'est pas » d'obtenir des taxes graduées sur les diverses qua-» lités de sucre, mais de réduire le *maximum* du » droit en raison de l'importance des courses entre-» prises par nos navires ». L'aveu est formel : ce n'est pas l'intérêt des Colonies, mais la longueur des courses des navires qui a dicté les termes et les préférences du tarif.

On a essayé d'affaiblir l'odieux de ce monopole par des allégations vagues; on s'est jeté hors de la question pour en déplacer l'objet : on a objecté que la Martinique et la Guadeloupe ont fait plus de sucre en 1820 qu'en 1788. Ce dire serait-il vrai, prouverait-il que cet état de misère qu'attestent toutes les bouches, n'existerait pas? Or, il faut que l'on sache que le produit de ces deux Colonies en cacao, coton et café, équivalait en 1788 au tiers de la valeur totale des productions, et qu'aujourd'hui ces Colonies n'en font presque plus ; que les terres en café ont été plantées en cannes à sucre, et que la culture du café est presque partout abandonnée, comme celle du sucre, qui a pu se soutenir jusqu'ici davantage, le sera bientôt ; que les Colons enrichis sous la domination anglaise ont pu employer de grands capitaux au soutien et même à l'aggrandissement de leurs cultures, mais que cette ressource est à sa fin ; qu'enfin elle est également nulle et infructueuse celle que d'autres ont trouvée, soit dans les avances d'autres Colons négocians, enrichis aussi à la même époque, soit dans celles nouvellement faites par le commerce de France, et qu'ils sont dans l'impuissance absolue de rembourser.

Que fait donc ici le plus ou le moins de sucre récolté en 1820 ? Est-il moins vrai que l'approvisionnement de la Métropole est partagé par les Colonies étrangères ? Est-il moins vrai que les produits coloniaux sont grevés d'une masse d'impôts qu'ils sont hors d'état de soutenir ?

Ils se sont plaints les malheureux Colons, et leurs plaintes ont inutilement retenti en Europe ! On a parlé de leurs misères au sein d'une des chambres, et eux, autrefois l'objet de la prédilection du Gouvernement, parce qu'on faisait tout alors pour des hommes éminemment utiles à la fortune publique, ont été rejetés ! Un homme, enfin, qui n'a que trop d'influence dans cette cause, a tourné en dérision leurs doléances, et...... il a trouvé des approbateurs !

Le sort en est donc jeté, le malheur des Colonies

n'excite pas même la pitié! L'avenir se présente à leurs yeux accompagné des plus sinistres présages. La France ne prend plus d'intérêt à leur sort. Accoutumée, pendant tant d'années, à se passer de Colonies, elle a profondément oublié ses anciennes et opulentes possessions. Réduites de valeur, de nombre et d'importance, le Gouvernement lui-même ne semble considérer celles qui restent, que par ce qui en revient au fisc; l'abandon où il les laisse semble même s'excuser par l'indifférence de la France. Cette disposition a pris racine, et la volonté des hommes y est peut-être pour moins que la force des choses. Deux possessions médiocres fixent médiocrement l'attention, et le ministère lui-même l'avoue (1), lorsqu'il annonce publiquement son intention de diriger ce commerce sur un nouveau plan, dessein qui doit mettre en grand développement une rivalité effrayante, et qui ne peut se réaliser qu'en consommant le malheur de ses propres établissemens.

Comment résisteraient les Colonies à tant de causes destructives, aux conséquences désastreuses d'un impôt colonial de cinq millions de francs, du tarif des douanes qui absorbe les dernières sueurs du cultivateur, et enfin aux conséquences funestes de cette injuste concurrence des denrées étrangères, qui poursuit les denrées coloniales dans tous les marchés? Comment résisteraient-elles à quelque chose de pis encore,

____

(1) Séance du 8 juin 1821. — Discours de M. de Villèle.

à ce déplorable esprit qui, dédaignant de s'instruire de leur législation et même de leur histoire, et supposant que ces pays ont vécu jusqu'ici sans lois et sans principes, prétend prononcer arbitrairement sur leur sort ? Quelles bonnes intentions qu'il faille prêter à certains hommes, que peuvent-ils pour le bien dans un pareil désordre d'idées, surtout lorsqu'ils y ajoutent encore le dédain absolu des lumières et des connaissances qui ne sont pas les leurs?

Il y a plus : des préventions défavorables aux Colons assiégent incessamment leur pensée. Véritables étrangers à leurs yeux, ils leur paraissent peu dignes d'intérêt. On est sourd à leurs cris, mécontent de leurs plaintes, on se défie de leurs raisons. La charte, dit-on, protège tous les Français; cependant ils sont les seuls exceptés du droit de voter et de consentir (1) ; on les condamne à un silence humiliant. Ils ont versé leur sang pour l'honneur et la fidélité : pour récompense on les frappe d'incapacité.

Demandent-ils l'entrée du corps législatif ? Non. Ils auraient à y défendre leurs droits, sans doute; mais ils sentent qu'avec tout l'avantage qu'ils auraient sur des adversaires mal éclairés, des discussions législatives, telles qu'elles soient, sont nécessairement intempestives et hostiles de leur tranquillité.

Une situation aussi accablante trouble toutes les

____

(1) Chaque Colonie anglaise est réglée, quant à l'intérieur, par une assemblée coloniale. L'assemblée constituante reconnut le principe, et en ordonna par un décret l'application aux Colonies françaises.

têtes. Déjà ces Colonies se dépeuplent; les ports de France voient arriver chaque jour des familles entières, qui ont pu réaliser quelques derniers moyens, et cherchent à se soustraire à leurs derniers revers. D'autres, en plus grand nombre encore, le désespoir dans le cœur, résignées à tous les sacrifices, ne peuvent même avec de grandes pertes parvenir à les suivre. La désolation et le découragement sont partout, et la fin de ces tourmens est prochaine, si l'on persiste dans le système destructeur sous lequel ces malheureux pays gémissent.

On veut y remédier, dit-on enfin. Ah ! si l'on veut, y remédier, il n'est besoin que de son cœur et de sa mémoire ! Toute discussion est inutile. On a mis bien du travail et de la peine à détourner l'administration des Colonies de son ancienne direction, pour les conduire au terme fatal où elles sont arrivées. Pour les sauver aujourd'hui, il n'y a qu'à retourner au point d'où on est parti ; il n'y a qu'à rétablir ce qu'on a détruit et abandonné. Transportez-vous en 1789; que la Charte de Louis XVI reprenne tous ses droits et son empire ; que la Métropole redevienne ce qu'elle était; que les produits coloniaux soient seuls admis dans ses marchés ; que les droits soient réduits à ce qu'ils étaient en 1789 : proclamez ce retour aux principes, vos Colonies seront sauvées. Voulez-vous être justes ? Il n'y a pas à hésiter.

Voilà aussi ce que les Colonies demandent : elles demandent à être réintégrées dans leurs droits, dans des droits dont elles ont toujours joui. La Métropole,

en les établissant, leur a assuré son approvisionnement exclusif comme le seul dédommagement qui
fût en son pouvoir des nombreux sacrifices qu'elle
leur impose. Cette obligation vous reste; il est de
votre devoir de la remplir.

Retirer cet approvisionnement, que reste-t-il dans
l'intérêt des Colonies, de leurs liaisons commerciales
avec la Métropole? Rien. Vous séparez vos intérêts
des leurs; vous brisez tous les rapports coloniaux.
Surchargez-vous leurs produits de taxes exorbitantes?
vous anéantissez leur culture, vous altérez l'un après
l'autre tous les liens d'attachement et d'affection, et
payez leur dévoûment par leur ruine.

Dans ce vide absolu d'intérêt; feriez-vous ressortir
pour un avantage votre protection? Mais d'abord
cette protection ne peut être un avantage qu'autant
qu'elle couvre des intérêts permanens et effectifs.
Or, si les Colons n'ont plus que des habitations et
des cultures ruineuses, que signifie en ce cas une
protection? Toute protection sans objet est purement
fantastique. Mais votre protection encore n'a-t-elle
pas été pour les Colonies, depuis trente ans, la protection la plus funeste, et qui les a livrées aux plus
grands dangers? Oublions cependant le passé : ne
voyons que le présent. Est-elle moins à craindre et à
redouter aujourd'hui votre protection? Ecoutez les
discours de tribune. Tous les ans, l'existence des
Colonies n'est-elle pas mise en problème par vos
orateurs? Tous les ans la vie et la fortune des Colons
ne sont-elles pas abandonnées au jeu si perfide et si

périlleux de l'art oratoire? On aiguise les poignards;
on soulève contr'eux toutes les passions. On excite
les Noirs à la révolte; les discours même des gens de
bien aggravent le péril; et les malheureux Colons,
condamnés à un travail dont les sueurs ne profitent
qu'à la Métropole, sont environnés de torches et de
complots. C'est à qui ajoute aux tourmens de leur
agonie. A peine trouvent-ils quelques défenseurs
dont le zèle honorable reste impuissant contre les
attaques de l'ignorance et des préjugés; et si la lutte
s'apaise, les Colonies le doivent non à un sentiment
de retour en leur faveur, mais à la considération que
la prolongation de leur existence est encore de quelqu'intérêt dans l'intérêt du fisc.

Le fisc! oui.... le fisc! C'est l'intérêt du fisc qui con-
tinuera d'étouffer l'intérêt des Colons. Alors la perte et
l'anéantissement de deux Colonies succèdent immédia-
tement, et ces ressources du fisc disparaîtront avec elles.

Ici notre tâche semble terminée, et nous n'avons
plus qu'à gémir des nouvelles douleurs qui succéde-
ront aux anciennes douleurs. Essayons cependant
d'accorder les besoins du fisc, s'ils sont réels en effet,
avec le besoin plus impérieux encore de faire justice
aux Colons. Il se présente en effet un parti.

Quel est ce parti? la liberté de commerce. Resti-
tuez aux Colons le droit qui leur appartient, de
vendre les produits de leur sol à qui bon leur semble;
ils sont Français comme vous. Ne vendez-vous pas
les vôtres, ne vendez-vous pas ceux de votre industrie
à qui vous voulez? Vous vous récriez : Vous parlez

de vos droits ; vous dites que ce serait en faire
abandon ; que les Colonies, depuis leur établissement, ont été soumises à l'exclusif : sans doute ; cela
est vrai. Mais à quelles conditions ? on vous l'a dit :
à celle d'une pleine et entière réciprocité ; à la condi-
tion de ne consommer vous-mêmes que les produits
de ces Colonies. Jusqu'ici, vous avez respecté ces
engagemens ; mais vous ne les respectez plus. Pou-
vez-vous alors en exiger la stricte observance de la
part des Colonies ? Cela ne blesse-t-il pas toute justice ? Et, si vous n'en convenez pas, n'est-ce pas que
vous comptez alors votre volonté et votre intérêt pour
un droit ?

Le droit de la Métropole sur ses Colonies, c'est-
à-dire, la dérogation au droit naturel qui appartient
à tout homme de vendre le fruit de son travail à qui
il lui convient et comme bon lui semble, est fondé
sur l'intérêt commun qu'elles ont trouvé à se vendre
réciproquement et exclusivement leurs produits.
Faites disparaître cet intérêt, l'obligation disparaît, et
chacun rentre dans ses droits.

Or, peut-il mieux disparaître cet intérêt, lorsque
l'une des parties se dégage volontairement de ses
liens, et rompt ouvertement le contrat ?

L'ancien Gouvernement français n'eût pas mis cela
en question : le principe de la réciprocité lui paraissait inaltérable. Il décidait tout ce qui était douteux
en faveur des Colons. Et de combien d'avantages ne
crut-il pas devoir accompagner ce lien de réciprocité ?
Exemption de tributs, exemption de service militaire,

admission dans tous les corps, priviléges de tous genres, il pensait ne pouvoir faire trop pour des hommes qui, renonçant aux douceurs du séjour natal, bravaient tous les dangers d'un climat meurtrier, pour servir au loin les intérêts de leur patrie.

J'entends les objections s'élever. La liberté de commerce des Colonies occasionera au trésor un déficit considérable dans la recette. Grave objection, en effet, pour qui considère l'existence d'une Colonie comme rien, et l'abondance du trésor comme tout. Mais quand la Colonie ne sera plus, que sera la recette? Au surplus, cette objection, examinée de près, n'est qu'une pure insignifiance; car comment établir et prouver que la liberté de commerce des Colonies fera diminuer la consommation des denrées coloniales dans la Métropole? Oserait-on même le soutenir?

Autre objection. Il faut des débouchés au commerce français, et les Colonies sont un débouché à notre disposition. Si la liberté de commerce leur est rendue, ce débouché sera fermé, et notre commerce en souffrira. Certes cette objection, fondée comme on voit sur le *moi métropolitain*, dispenserait aussi de réponse. Cependant elle serait également démentie par l'expérience. Il y a même certitude que les ventes du commerce français doubleraient et tripleraient par l'effet de la liberté dont s'agit. Hommes prévenus! vous ignorez tous vos avantages; vous ignorez que vos productions sont d'un besoin universel; qu'elles sont d'une consommation habituelle et indispensable, principalement aux Antilles et aux régions circonvoisines;

qu'elles sont de nécessité première pour vos Colonies, à qui l'habitude les rend chères; que la France n'a en ce genre aucune rivalité à craindre; que même une grande partie de ses productions industrielles, recherchées avec empressement dans la plupart des lieux du nouveau monde, y trouvent peu ou point de concurrence. Cessez donc vos objections, et calmez de vaines alarmes. Le monde commerçant sait ce qu'ils sont vos débouchés; il sait ce qu'ils peuvent être, et il vous les envie. En un mot, loin que cette liberté de commerce nuise jamais à vos ventes, dites plutôt qu'avec un fonds de commerce aussi riche et aussi varié que le vôtre, s'il était étayé d'un tarif de douanes sagement calculé, vous auriez à craindre de ne pouvoir suffire aux débouchés nombreux qui se présenteraient; et si cela n'est pas, ce n'est la faute ni du commerce ni de l'industrie.

Désespérant de voir adopter des idées justes et saines à l'égard des Colonies, on s'est borné à demander, à la session dernière, une réduction de cinq francs sur le tarif. Mais cette réduction n'améliore rien : un mal aussi grave que celui qui ronge et dévore les Colonies, ne s'adoucit pas par un léger palliatif. Ce serait retarder de très-peu la ruine entière de ces établissemens. On s'en prévaudra pourtant pour éloigner le moment d'une justice entière; car il est aisé de prévoir qu'on redoublera d'efforts auprès des Chambres pour le maintien du tarif. Reste à demander si l'on voudra aussi maintenir en faveur de la Métropole l'exclusif.

Si l'avis de certaines personnes doit prévaloir, nul doute qu'il ne faille maintenir l'exclusif, conjointement avec le tarif. Elles veulent des Colonies, mais elles les veulent esclaves. Alors tout se dirigeant à leur gré, bientôt les Colonies n'existeront plus. Si tel est leur vœu, il touche au moment d'être accompli.

Terminons en disant qu'il est peut-être réservé à la France de déchirer et d'anéantir ses richesses de ses propres mains : elle a perdu Saint-Domingue par ses beaux systèmes, et perdra les Colonies qui lui restent par d'aussi belles conceptions.

W.....,

Avocat au Conseil supérieur de la Martinique.

www.ingramcontent.com/pod-product-compliance
Lightning Source LLC
Chambersburg PA
CBHW051341060726
47596CB00004B/1728